# गुजरा दौर

अभिजीत आनन्द

Made with ♥ on the Notion Press Platform
www.notionpress.com

उन सभी को, जिनसे मैं इस जीवन में मिला और जिन्होंने मुझे और बेहतर बनने में मदद की..

# क्रम-सूची

# प्रस्तावना

लोग कहते हैं कि हर कोई कवि के रूप में पैदा होता है, दर्द कहीं न कहीं इसका खुलासा कर देता है। यह संकलन अधूरा है क्योंकि यह मेरे जीवन के एक चरण को दर्शाता है और उस समय के उस बिंदु पर मैंने जो महसूस किया, उसे संक्षेप में प्रस्तुत करने और उसके साथ न्याय करने का प्रयास करता है। यह अधूरा है क्योंकि मेरे लिए हर दिन एक जीवंत कविता है, हमें बस बैठने और धीरे-धीरे सुनने और खुद को महसूस करने की ज़रूरत है। जैसा कि अर्नेस्ट हेमिंग्वे ने कहा था, "लिखने में कुछ भी नहीं है। आपको बस टाइपराइटर पर बैठना है और खून बहाना है"। यह संकलन मेरे रक्त चिह्न का हिस्सा है जिसे मैं अपने से कुछ अधिक समय तक जीवित रखना चाहता हूं। मुझे उम्मीद है कि मैं अपनी भावनाओं को आपके साथ सही तरीके से साझा कर पाऊंगा। धन्यवाद।

30/12/2023 अभिजीत आनन्द

# 1. तुम

मिली थी मुझे, एक मोड़ पर तुम
मेरी जिंदगी, मेरी सांस बनकर
इक अजीब बात महसूस की मैंने,
कि मेरे हर सवाल का जवाब थी तुम....
लाजवाब थी तुम.
तुम्हारे लिए मैं भले कुछ भी ना हो,
मेरे लिए रोज़ की सुबह शाम थी तुम,
हर पता....हर नाम थी तुम...
मेरी बेनाम गुमशुदगी की पहचान थी तुम,
ख्वाब थी तुम....अरमान थी तुम....
तुम्हें क्या पता, क्या थी तुम....
जो शायर ना कह सका..वो अल्फ़ाज़ थी तुम..
ख्वाबो के दरिया का साहिल थी तुम,
जिसे उड़ के भी ना छू सका....
वो आसमां थी तुम..
इक ख़ूबसूरत तितली थी तुम,
मुट्ठी में बंद करने से डरता था जिसे..
डरता था, कहीं ठेस ना पहुंचा दूं..
हवाओ में इठलाती... रंग बिखेरती ही पसंद थी तुम...
उफ़! बस कमाल हो तुम...

# 2. जब कोई छत पर चाँद देखने बुलाता था

आज सहसा कलम फूट रो पड़ी ,
लिया खुद लपेट मेरी उँगलियों को अपनी चारो ओर ,
फफक के पुरे हक से मुझे कहा "" बस "
और मत घोंटो अपने जज्बातों का दम ,
क्या हुआ गर तुम्हारी कहानी एक सिलसिला न बन सकी ,
झूठी कल्पना ही सही ,आखिर कुछ लिखो तो कभी,
एक पाती ,एक ,कविता एक छंद ,एक पंक्ति ;
कुछ भी तो लिखो अभी ;
बहुत हुआ ,अब बर्दाश्त नहीं होता,
तुम्हारा मुझे अकेली रातो में आगोश में लेना,
और, बिना पन्ने स्याह किये
खुद में उलझे हुए मुझे वापस रख देना ,
न मेरे लिए ,न उसके लिए ;
कभी खुद के लिए ही सही ,
कुछ लिखो तो कभी ....
अपने ख्यालो के रंग, शब्दों में तो कभी ..
मैं, सुनता रहा ;वो जिद करती रही,
आकाश में नक्षत्र भी नृत्य करते रहे,
फिर उन्ही ख्यालों का ,सवालों का ..
रेला ज़हन में शोर करने लगा ,
हाथ फिर बढ़ चलें ,टटोलते ,
किसी सादे पन्ने की तलाश में ...

घुमड़ रही थी हृदय में इतनी यादें ,
ख्याल,ख्वाब ,आवाज़ ,अदा ,अरमान ,दर्द ;
की लिखूं तो हर रिक्तियां रक्त से भरे।
लेकिन मजबूर था ; मर्ज़ मेरा ,दर्द मेरा ;
उस निश्छल,निर्विकार उजले कागज़ का क्या कुसूर ,
की उसे भी खुद के दर्द से बोझिल करूँ ...
रख उस उदास कलम को लेट गया मैं,
खिड़की के बाहर दमकते चाँद को देखते,
खो गया फिर उस ठहरे हुए वक़्त में,
जब कोई छत पर चाँद देखने बुलाता था.

# 3. मोहब्बत क्या है

मोहब्बत क्या है, इस से कुछ खास इत्तेफाक नहीं है अपना,
पर, शायद ये उन पलो में कहीं रूमा होती हो,
जब कि ज़ेहन अल्फ़ाज़ों से महरूम हो,
और सिवाय कुछ एक आह, और सांसो के वहां कुछ भी ना हो,
धड़कनें भी जब कुछ हैरान-परेशान सी,
हर गुज़रते पल में ना धड़कने का कोई बहाना ढूंढती हो,
जब उन चाँद पलों में जैसे हज़ारों ज़िन्दगीयाँ गुजरती हो,
जब बंद आंखें किसी के अक्स को कुछ ज्यादा साफ-साफ देख पाती हो,
उन खामोशियों के जुगनू से, टिम-टिमाते लम्हातो में,
जब भीतर बरबस सिर्फ एक तमन्ना मचलती हो,
कि रुक जाये,
थम जाये,
जिंदगी,
वहीं,
उन पलों,
में कहीं,
शायद, इत्तेफाकन मुहब्बत कुछ कुछ,
ऐसी ही होती हो,
वैसे, ये मोहब्बत क्या है,
इस से कुछ खास इत्तेफाक नहीं है अपना.

# 4. तस्वीरें

हाँ ,तेरी तस्वीरें हैं मेरे पास,
पर उन्हें देखे एक अरसा हो गया है,
हाँ ,तुझे सुनने की है बहुत आस,
पर बात किये लगता है युग बीत गया है,
क्यों,युग बीता?
क्यों,अरसा हुआ?
पता है क्यों?
क्योंकि,जब देखना चाहता हूँ तुझे,
तस्वीर ढूंढने की ज़रूरत नहीं होती मुझे,
जब सुनना चाहता हूँ,
तुम तान छेड़ देती हो यादों में
एक और कारण भी पाता हूँ,
तुम्हारी तस्वीरों को न देखने की कोशिश करने में,
तुमसे हज़ार साल तक बातें करने की इच्छा होने पर भी,
तुम्हें फ़ोन न करने की कोशिशों में,
कारण यही है,
की तुम उड़ सको,
अपने भ्रमों में रह सको,
तुमने माना था कभी,
की तुम मुझ पर अपनी हर बात
हर फैसले के लिए निर्भर होते जा रही हो
जो तुम नहीं होना चाहती
तुमने विचारा था,की तुम कभी किसी से दोबारा प्यार नहीं

कर सकती,
अरे,पगली...
काश कोई तुम्हें समझा पाता,
ये जो सोचना-विचारना है,
ये बस डर है
क्योंकि चाहती तो तुम भी थी
कभी कभी
पर डर गयी की
ये नया प्रेम
पुराने के वास्तविकता
औचित्य आदि पर
सवाल न खड़े कर दे
डर गयी की
फिर कहीं जिसे तुम चाहने लगो
वो मुंह न फेर ले,
पर ऐसा भी कभी होता है क्या,
क्या प्रेम प्रेम का अस्तित्व मिटाता है कभी?
ये डर का पनपना ही
तुम्हारे नए प्रेम के कोपल का
सूचक था
सूचक है,
पर मैंने जाने दिया तुझ को,
थोड़ा छटपटाया ज़रूर
पर जाने दिया
इसमें विश्वास निहित था
मुझे तुम पर
मेरा मेरे प्रेम पर

की समझोगी कभी
मुझे
मेरे प्रेम को
महसूस करोगी
कभी.

# 5. कविता

महीनों हो गए
कविता लिखे
क्या लिखूं
क्यों लिखूं
ऐसा नहीं की
इधर कुछ हुआ नही
अन्दर आग है
पर बाहर धुंआ नहीं
सोचता हूँ
क्या बिना हर्फ़
कोई नज़्म नहीं
मुमकिन
फिर तुमको पलटते
देखना याद आया
फिर तुम्हारी हंसी
कौंध गयी
सोचते ही सोचते
कविता तुम,
और तुम मेरे लिए
एक कविता हो गयी.

# 6. एक और शाम

ढलते शाम के एकाकीपन में
कई बार मन कहता है
काश,तुम होती पास
बातों से भर देती आकाश
इस बीच चुपके छुपके
मैं देखता बालियाँ तुम्हारे कानों की
जो गर्दन के एक तरफ सजाती तुम बालों को
तुम्हारे आँखों में डूबते उतराने से फुर्सत निकाल
देखता कभी तुम्हारे होठों को हिलते,
कभी तुम्हारी उँगलियों को
कभी पैरों को
कभी गालों को
छोटी सी नाक को
कभी प्यारी सी ठुड्डी को
जब तुम चली जाती
फिर इन सबको समेटकर
एक तस्वीर बनाता
जेहेन में खुद के
तुम्हारी हंसी की खनक से
उसमे जान भरता
तुम्हारे बेबाक बातों की उड़ान से
उसमें पहचान भरता
तुम्हारे अल्हड़पन की खुशबू की

कुछ बूंदे इत्र की तरह लगाता उसमें
इतने रंग हैं तुम में
की तुम्हारी तस्वीर को रंगते रंगते
फिर अगली शाम आ जाती
फिर तुम आती
फिर बातें होती
फिर सूरज को साथ
डूबते उतराते देखते
मैं चुपके चुपके
बदलते रोशनियों में
तुम्हारे रंगों को याद करते जाता
फिर तुम जाने को उठती
मैं तुमको न जाने को मनाता
फिर शाम आती फिर तुम आती
मैं वहीं इंतज़ार करता
हर रोज़ हर शाम
इस उम्मीद में की
शायद किसी रोज़ तुम
आती और वापस न जाती..
ताकि,मैं हर धूप, हर छाँव में
तुम्हारी तस्वीरे बना पाता
लो एक और शाम ढल गयी
न तुम आई न मैं भी वहाँ से जा पाया
पर तस्वीर बनती रही
रंग कागज़ से मिलते रहे
हम मिले न मिले.

# 7. तुम जानती हो

यूँ तो ये हृदय
है पाषाण समान
बंजर,सूखा,निष्प्राण,
रेगिस्तान.
पर तुम हो मेघ
ऊँचे व्योम पट पे
उड़ती,बहती,रूप बदलती,
बिन बरसे मुझ पर,रिझाती मुझको
पर तेरे स्नेह रस
की अदृश्य बूँदें भी
एक मरूद्यान बना
पूरा कर देती हैं मुझको
मरुद्वीप के छायादार छाँव
और बहते निर्झर में
जीवन की तपिश से
थकी झुलसी तुम
कुछ वक़्त ठहर कर
फिर से चल देना
घमंडी सूर्य को जुल्फों में फंसाकर
उसके अभिमान को तोड़ने
नियमों से लड़ते लड़ते
हदों को लांघते लांघते
जब थक जाना

तुम जानती हो तुम्हे कहाँ आना है.

# 8. उहापोह

कई बार,
कई रोज़,
पूछता हूँ
खुद से,
क्या सच में तुम्हें
चाहता हूँ मैं?
या फिर,
तुम्हें चाहने की चाहत है,
बस जिसे चाहता हूँ मैं.
कई शाम,
कई सुबह,
सोचता हूँ,मैं
आखिर क्या है
जो खींचता है,मुझे,
बांधता भी है
और रोकता भी,तुम्हें
एक दुसरे के,पास आने से,
और क्या है,जो रोक लेता है
दोनों के "मैं" को,
"हम" होने से.
कई मौसम,
कई बरस से,
खोजता हूँ, मैं

खुद को
तुम में,
और,खुद में
तुम को,
और,इस खोजबीन में
क्यों कभी,
खाली हाथ,
नहीं लौटता हूँ मैं.
कई सांसें,
कई धड़कनें,
ऐसे ही "उहापोह" में,
लडखड़ा जाते हैं,
की आखिर
हम मिले भी,तो क्यों?
और,न मिले भी तो क्यों?
क्या मिले भी थे कभी?
क्या फिर मिलें?
मिलें,तो क्या मिलते रहें?
कई दफा,
लगता है
शायद,
कई ज़िंदगियाँ लगेंगी,
जवाब पाने में
इन सवालों के,
फिर सोचता हूँ
भूल इन सवालों को
बस चाहूं,तुम्हें

इस जन्म भर
कम से कम,
ज्यादा से ज्यादा,
चाहूं तुम्हें.

# 9. ख़ामोशी की चादर

शायद,मेरे तुम्हारे दरम्यान
बाकी है बस एक सिलसिला
खामोशी का सिलसिला
दोनों बैठ बुनते हैं
अपने हिस्से की ख़ामोशी
तुम बुनते जाती हो अपने छोर पे
अगर ख़ामोशी के रंग होते
तो कौन से रंग लगाती होगी तुम
यह सोच मैं भी बुनने लगता हूँ
अपने हिस्से की ख़ामोशी की चादर
हर रंग के फंदे डालते हुए
सोचते जाता हूँ
तुमने भी क्या ये रंग चुना होगा
क्या जो डोर मैंने थामी है
उसे तुमने भी छुआ होगा
अनगिनत कोस दूर बैठ
बुनते जाते हैं दोनों ख़ामोशी की कालीन
ख़ामोशी की चादर
और न जाने क्या क्या
अचानक मैं उलझ जाता हूँ
अपने हिस्से के स्याह सफ़ेद डोरियों में
सुर्ख रंग के एक धागे को हिलते देख
उसे थामने को जो झुका था

उलझता जाता हूँ फंदों में और
मेरी चादर फिर रेशा रेशा हो जाती है
पर तुम बुनते रहती हो चुपचाप
क्योंकि कभी कभी कोई धागा
हिलता सा मालूम पड़ता है
हिलता है की नहीं,ये मालूम नहीं
पर फिर उस धागे को उठा
मैं भी बुनने लगता हूँ
अपनी ख़ामोशी की चादर....
एक कभी न ख़त्म होने वाली
तुमको मुझ से जोड़ने वाली चादर..
बुनते जाता हूँ...
हाँ एक और बात
मेरे हिस्से की चादर
कभी कभी भींज जाती है
रंग कच्चे गडमड हो जाते हैं
मैं देखना चाहता हूँ
तुम्हारे हिस्से की चादर गीली तो नहीं
कैसे बुनती हो तुम
दिन रात..मेरे रात दिन...
पर फिर बुनते जाता हूँ
यह सोच कर की
कभी तो इस चादर को लपेटेंगे दोनों
तब क्या पता उन हाथों को छू पाऊँ
उन आँखों को देख पाऊँ
जो बुनते हैं खूबसूरत खमोशी की चादर.
बुनते रहो,ख़ामोशी से,

ख़ामोशी की चादर.

# 10. अजब रिश्ता है तेरा मेरा

अजब रिश्ता है तेरा मेरा
कभी इजहार की इज़ाज़त नहीं
तुझे भूल जाऊं ऐसी हिमाकत नहीं
तू एक चाँद है,जो कभी मुझे पूरा मिला ही नहीं
मैं अमावस की रात,जिसकी सुबह ही नहीं
तू एक आसमान जो कभी खुला ही नहीं
मैं वो क्षितिज जो तुझसे मिल सका भी नहीं,
इधर जो यकायक बात की तूने,
तेरे 'फर्जी' बहाने तू ही जाने,
तेरी फितरत,तेरी मर्ज़ी ही सही
बात करके कभी लगा ही नहीं
की एक ज़माने से तुझ से मिला भी नहीं
झांकता हूँ अन्दर कभी कभी
और छानता हूँ एक सिलसिला
जो कभी थमा भी नहीं
एक अजीब सा राफ्ता जो कभी टूटा भी नहीं
तेरे मेरे बीच किये वो वादे,अब तुझे लगे
बचकाने ही सही,
उन वादों की अलाव में है बाकी,
जब तक आंच कहीं
बाकी है धौंकनी में सांस जब तक कहीं
तापूंगा साथ बीते लम्हों की याद तब तक यहीं

गुजरा दौर

अजब रिश्ता है तेरा मेरा.

# 11. उलझन

नहीं मालूम,मुझे मेरी उलझन,
पर हूँ उलझा मैं किसी उलझन में ये है मालूम।
खोजता हूँ,टटोलता भी,
पर मेरा मन उलझन बता दे,
यह मुमकिन नहीं।
हर रोज़,हरेक पल
पूछता हूँ।
खुद से,की "क्या चाहता हूँ मैं ?"
गर चाहता हूँ कुछ तो,
क्यों नहीं हर वक़्त
उसी ओर दौड़ता हूँ मैं?
कैसी बेड़ियाँ हैं? जो मुझे बाँध लेती हैं।
क्या बेड़ियाँ हैं?
या,फिर मैं
खुद ही,खुद को गुमराह करता हूँ।
खुद अपने राह बनाना
फितरत थी मेरी
शायद,यही फितरत रोक लेती हो,
दूसरे के तय रास्ते पर चलने से मुझे।
या फिर,मैं वो माद्दा ही नहीं रखता
की मैं चिल्ला कर कह सकूं,
कभी,
किया है फतह यह किला मैंने देखो,

और अब भी है हौसला,
इसे आसमां से मिलाने का।
पर,मैं बेपर उड़ता हूँ जितना,
ख्वाबों में,
उतना ही दूर खुद को पाता हूँ
जमीं से।
अकेले,खिसकते क्षितिज को देखना,
फिर पटक फेंकता है मुझे
मेरे सच के सामने,
और सच है क्या....?
यही तो उलझन है!

# 12. वो नया साल

याद है,मुझे
शायद याद हो तुझे,
वो बुलाने पे तेरे,
नए साल पे,
मुझ नास्तिक का
भागते हुए
मंदिर पहुंचना
धूली हुई सुबह की धुप को देखना
तेरे गीले बालो में मुस्कुराते हुए
आँखे मूंदे,यूँ हाथ में थाली लिए
चुपचाप से दुआओं का स्वेटर बुनते
वो सड़क का तेरे
नंगे पांवो को छूना,
तेरा सुकूं से भरा
दमकता चेहरा
याद है मुझे
शायद याद हो तुझे,
उस नए साल चाहा था
यकीं कर लूं
खुदा पे
या ताक सकूँ तुझे
हर रोज़,हर सुबह
धूली धूली,खुली खुली

वैसे उस नए साल को गुज़रे
कई साल हो चले हैं
वो मंदिर ,वो सड़क वहीँ है
तेरी दुआओं की गूंज भी कहीं हैं
पर शायद उसमे
अब मैं नहीं
साल का सिलसिला
अपनी जगह है
पर मैं थोड़ा सा
उस साल के
उस पहले दिन
कहीं छुट गया हूँ
पुकारना कभी.

# 13. आ गए थे कितने करीब हम तुम

आ गए थे कितने करीब हम तुम..
ये तुम जानती हो, और मैं जानता हूं..
कोई लाख समझ, समझ नहीं सकता...
की फासले ना रह गए थे बीच हमारे तुम्हारे..
मैं मानता हूं कि, मैं बावला हूं..
निहारता तुम्हें मैं टक टकी लगा के..
जैसे चकोर देखे चांदनी के सृजक को..
जो है तो सभी का, लेकिन वो उसे माने अपना..
लेकिन मैं इतना बावला भी नहीं हूं..
जो समझ ना सके, रहा था क्या चल,
अंदर तुम्हारे..
ना इतना अंधा ही हूँ मैं की,
देख न पाऊँ भीतर तुम्हारे..
इतनी नजदीक से देखा है,तुम्हें,मैंने..
शायद कभी दर्पण में भी खुद को ना खंगाला हो तुमने..
दर्पण दर्शन में भी, वास्तु और प्रतिभा का फर्क है रह जाता..
मैंने देखा है तुम्हें इस फर्क को भी विलोपित करके,
पर शायद तुम,देख ना पाई की,
देखता हूं तुम्हें मैं अपने ह्रदय में..
हां शायद, तुम, डर गई देख मुझमें..
अपने आप को उस दिन..

मुझसे दूर रह कर, रह सकती हो जीवित तुम..
परंतु, खुद से रहकर दूर हो रही हो प्रतिपल, मृत तुम..
मैं तुमको जिलाना चाहता हूँ,
तुम्हें,तुमसे मिलाना चाहता हूँ..
आ गए थे कितने करीब हम तुम..
मुझे है याद, बस तुम्हें याद दिलाना चाहता हूँ

# 14. छुअन

तुम्हें खबर भी न होगी की
तुम्हारा पानी का ग्लास लाना
और,मेरा उसे इस तरह पकड़ना
की तुम्हे किसी भी तरह छू न सकूं.
क्यों?
शायद तुम्हें देखना एक सपने जैसा हो
जिसे तोड़ने की हिम्मत नहीं थी उस वक़्त,
या डर था,की उस छुअन के साथ मेरे अन्दर
फिर कोई याद ,फिर कोई बात
गहरे जम न जाए..
फिर भी तुम यही कोई
तीन दफा छू गयी मुझको
तीन दफा!!
कहोगी की मैं पागल हूँ कोई
शायद हूँ भी,
अक्सर लगता है मुझे भी
पता नहीं तुमको कभी,
समझा पाऊंगा या नहीं
तुम उस आग के मानिंद हो
जो पतंगे को जलाती है
एक दुसरे के पास आना दोनों को भाता है
पर मैं इतना जला हूँ,तुम्हारी लपटों से
इतना बुझा हूँ,अपने आंसुओ से

की अब तुम्हारी लपटों की छुअन
सुकून भी देती है ,
तो और बेचैन भी करती है
आज भी याद है जब तुमने
मेरा हाथ थामा था,पहली बार
बाहें पकड़ी थी,पहली बार
हाँ कभी गले नहीं लगाया तुमने,
लगाती भी कैसे,मैं जलता सो जलता
पर मेरी तपिश से तुम भी थोड़ा ज़रूर झुलसती
तुम भी जानती हो इस बात को,शायद,
मैं भी जानता हूँ
पर एक बात और भी है
तुमने छुआ है मुझे कई बार बिना छुए
मैंने भी तुमको छुआ है कुछ कुछ वैसे ही
तुम भी जानती हो इस बात को,शायद,
मैं भी जानता हूँ
छूने की कोशिशों से ज्यादा
न छूने की कोशिशों को समझ पाओ
तो समझ पाओगी
किस किस तरह नहीं चाहा है तुम्हें
कहने से ज्यादा,न कहने की जग्दोजहद,
वो खुद से लड़ना,
वो चाँद को,
गीली आँखों से ताड़ना,
की तुम कहीं देख रही हो उसे..
अगर कभी समझ पाओ,
तब शायद कुछ एहसास हो तुम्हें भी

की कितना चाहा है तुम्हें..
वो बार बार हार जाने की कोशिशों को
उस बेबसी को
अगर समझ पाओ..
तो शायद मेरे उस ग्लास को
ऐसे छूने को की तुम्हें छू न जाऊं,
जिसकी तुम्हें अब तक खबर भी न थी,
को समझना कुछ आसान होगा,
और थोड़ा कम पागलपन लगेगा
थोड़ा थोड़ा ही सही
पर समझना मुझे
शायद उतना काफी हो मेरे लिए.

# 15. संदेशें

इतने दिनों से
रोकते
बहते
कभी चुपके
कभी लिख के
तुमसे कुछ कुछ
कहते
कट रही थी
वही
जिसे लोग
"जिंदगी" कहते हैं।
और तुमने यह कहकर
उस बहाव को
उसमें छुपे ठहराव को
एक झटके में
अजनबी कर दिया
या फिर से
खुद को
बदला हुआ
दिखाने की
एक और
कोशिश कर दी
की

“इतने संदेशे मत भेजा करो”।

# 16. कैनवस

अब भी दोपहरी में
किताब खोल के
तुम्हारे ख्वाब देखता हूँ
खुली आँखों से
उन कल्पना के बुने परदे पर
दौड़ती यादों के रंग में डूबीं
बेलगाम कूचिका, उछलते कूदते अचानक
ठिठक जाती हैं ,यथार्थ के छींटो से भींज कर
फिर पोंछ लेती हैं ,खुद के चटख रंग
पास रखे उस गुलाबी रुमाल में
लेकिन कुचिका की फितरत ही है, डूब जाना
रंगों में,फिर से कैनवास को सजाने के लिए.

# 17. यादें

यादें पलाश के पत्तों की तरह होती हैं,
पहले कुछ दिनों हरी होती हैं,
चलो माना...
कुछ और दिन हरे होते हैं,
गर कोई सिंचता है उसे,
हर रोज़..
हर पल..
कभी आंसुओं से,
कभी मुस्कुराहटों से..
यादें पलाश के पत्तों की तरह होती हैं,
पहले कुछ दिनों हरी होती हैं,
फिर,हौले से...मौसम का रुख बदलता है,
वक़्त बदलता है..
हालात बदलते हैं..
अक्सर देखा है की
इंसान बदलते हैं,

वो हरे हरे पत्ते,
जो इस चिर भ्रम में थे
वो रहेंगे उन साखों पे अनंत तक,
टूटते हैं..
गिरते हैं..
बिखर जाते हैं..

एक बदरंग...मतमैला ढेर बन जाते हैं,
यादें पलाश के पत्तों की तरह होती हैं,
पहले कुछ दिनों हरी होती हैं,
हवाएं आकर उन पत्तों को उड़ा ले जाती हैं..
उनके भ्रम को तोड़ जाती है..
फिर भी..
कभी कभी...
कुछ पत्थरों को पनाह मिल जाती है,
किताबों के पन्नो के बीच,
माना, कि वो फिर से हार नहीं सकता,
लेकिन..
काम-से-कम अपनी इक पहचान रखते हैं,
काश मैं भी "वो" पलाश का पता बन पता...
काश मैं भी "किसी" की जिंदगी के पन्नो में छप पता....

# 18. आईना

अक्सर आईना मेरा,
मुझसे कहा करता है..
की "जीत" तेरी हर जीत,
मुझे तेरी हार सा दिखता है..
समझ नही सकता आइना मेरा,
गर समझ भी जाए, शायद थाम ना सके उसे,
की 'कांच' उसका,
तपा नहीं है मेरे 'कांच' सा,
ना समझ सकेगा वो,
कैसे किसी की आवाज़ों की खनक से,
बुनतें हैं मृग-मरीचिकाओ को,
जानता हूँ मैं झाँक नहीं सकता वो, खुद में,
जैसा मैं, झाँकता हूँ खुद को उसमें,
पर, आज शायद मेरे आईने ने,
सुन ली आप से मेरी बहस,
निकाल हाथ, थाम लिया हाथ मेरा,
पुछा-"अरे चित्रकार मेरे,
ये जो तुम रंगा करते हो, बदन पर मेरी अपनी कल्पना,
रंगते क्यों नहीं वैसी दुनिया कभी अपनी?"
हंस पड़ा मैं,या शायद आह भारी मैने,
कहा आइने से,दोस्त,
जो भीतर है मेरे..
जो चाहता हूं मैं,जिंदगी से...

शायद हदें बड़ी नहीं हैं उतनी, दुनिया की, अभी..
जो समेटे उसे..
या फिर मेरा 'कांच' भी,
मजबूत नहीं है इतना शायद,
जो बिखरे न जान हदें,
दुनिया की और 'अपनी'..
पुचकारा आइने को,
"अरे पागल अंदर तेरे,
संसार से विशाल एक समदृश्य संसार है छुपा,
तो पड़ी है क्या मुझे,झाँकने की,
इस बनावटी झूठे अधूरे यथार्थ में",
लगता है, समझ गया शायद आइना मेरा अब,
की है कम कितना फर्क, मेरी "जीत" और मेरी हार में..

# 19. इंतज़ार

उस काले बरस की एक काली रात,
तुमसे,तुम्हारे लिए नाराज,
जब काटे तुमसे सब संपर्क सूत्र,
की कट जाए उर पट से तुम्हारा नाम,
और बन जाऊँ मैं पाषाण,
पर मुझ अज्ञानी को,
नहीं था यह ज्ञान..

कुछ है जो है परे जोड़ तोड़ से
जिसे सके न कोई काट,
क्योंकि जैसे उस क्षण था
तुम्हारे बोल सुनने को मुझे इंतज़ार,
आज भी है ,मुझे आज भी है..
तुम्हारा इंतज़ार...

# 20. मैं

हसरतों को समेटे हुए,
ख़्वाबों का पुलिंदा भर रह गया हूँ मैं,
जुनूं लापता हुए तो एक अरसा हुआ,
अब तो खुद से भी गुमशुदा सा हो गया हूँ मैं,
कभी मुनव्वर राणा के जिद्दी ,
शेरों सी गुर्राहट थी अपनी;
अब तो चिड़ियाघरो के,
पिंजरबंद खिलोनों सा बन गया हूँ मैं,
याद है अब भी वो सबके आंसुओं को किनारा देना,
आज सैलाब-ए-कशमकश किनारे खुद टूटा हुआ खड़ा हूँ मैं;
वादों पे यकीन हटे हुए खैर अब ज़माने बीतें,
पहली दफा खुद के हौसलों पे शक करने लगा हूँ मैं,
मुबारक हो मेरे दुश्मनों को मेरे बर्बादी का ये सबब,
दोस्तों से बिछड़ते बिछड़ते,दोस्ती से थक गया हूँ मैं,
आईने में खड़े उस शख्स को देखता हूँ,अक्सर;
अब वो भी मुझे देख हंस रहा है बस...

# गुजरा दौर

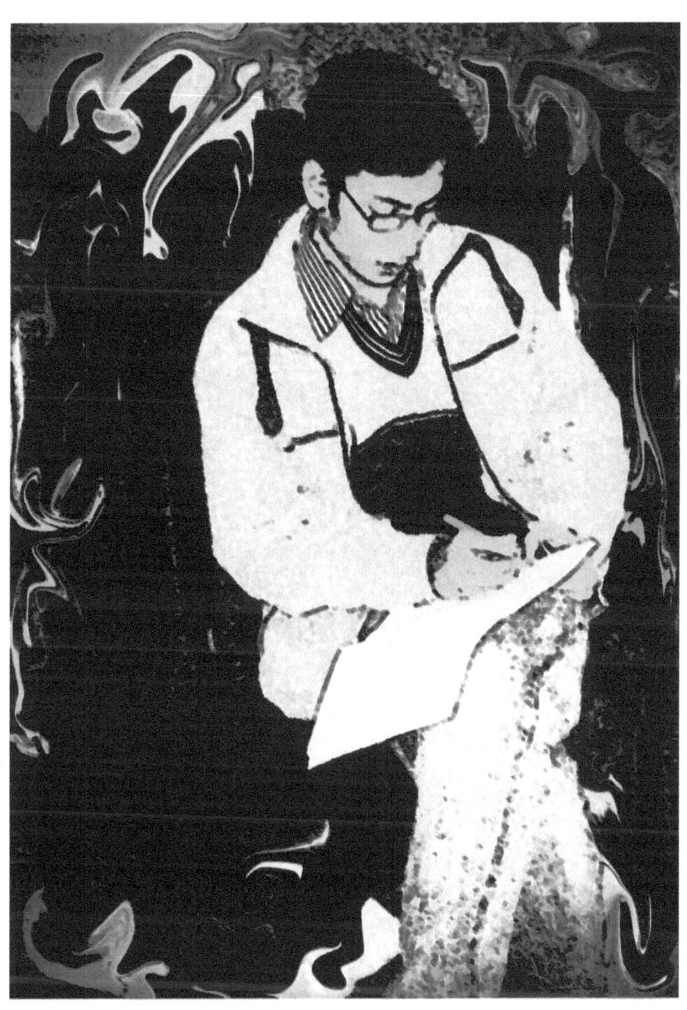

# गुजरा दौर

www.ingramcontent.com/pod-product-compliance
Lightning Source LLC
LaVergne TN
LVHW041255150826
845673LV00008B/2603

* 9 7 9 8 8 9 2 3 3 2 9 6 5 *